AF482913

AROMAS DE NARANJO

PILAR VEGA

AROMAS DE NARANJO

EXLIBRIC

ANTEQUERA 2020

PILAR VEGA

AROMAS DE NARANJO

"Tú lloras debajo del llanto,
tú abres el cofre de tus deseos
y eres más rica que la noche.

Pero hace tanta soledad
que las palabras se suicidan"

Alejandra Pizarnik
(Fragmento del poema Hija del Viento)

A mis dos hijas, que son mis razones y mis desvelos.
Siempre conmigo, en lo bueno y en lo malo.
A mi padre, cuyo recuerdo es la luz de mis noches más oscuras.
A mi madre, mi ejemplo de supervivencia.

*A Adrian Teixeira, por su colaboración en
el diseño de la portada de este libro.*

Prólogo

La poesía no siempre habla del amor. Pero es la forma literaria que mejor facilita la expresión de nuestros sentimientos.

He leído varias veces el borrador del primer poemario de Pilar Vega. Su lectura me resultó grata y ligera. Los poemas que contiene el libro expresan la densidad de un misterio inefable que sin duda tiene que ver con el alma. Fluyen con mucho ritmo y musicalidad.

En las páginas de "Aromas de Naranjo" no encontrarás textos artificiosos, sino la manifestación más sublime y espontánea que mueve el mundo. Pero el amor también hiere y abate el alma. La llena de tristeza cuando el corazón queda acorralado, cuando es la soledad la que cobija el cuerpo.

Pero no hay mal que dure cien años cuando la esperanza es el nuevo comienzo, que nos concede el tiempo inagotable.

Amor, dolor, tristeza y soledad son temas que se entrelazan en esta obra que sin duda cuenta una historia tan inmortal como humana.

Pilar Vega sabe llegar al corazón. Sus poemas son capaces de sintetizar ideas y emociones con un lenguaje claro, conciso, bien cuidado, que no evita los lugares comunes. Sus composiciones poéticas son sencillas, plasman sentimientos universales, sin estruendos lingüísticos ni ambages metafóricos y dan cuenta del gozo amoroso, del dolor que causa su ausencia.

Juan Ramón Jiménez afirmaba "que la poesía es el encuentro después del hallazgo". Para Pilar Vega es un diálogo entre el corazón y el alma, que hace sonar la música silenciosa de las palabras.

Néstor Rojas

Vivir como el mar

Quiero vivir hasta el último instante
Agotar el aire de todos mis alientos
Hasta exprimir las profundidades del alma

Que sea mi refugio de siempre
la desnudez de tu cuerpo y el mío
fundidos (dentro del poema)
como si fueran soplos de la misma luz
y latidos de la misma carne

Que me cobijen tus brazos,
lejos del sobresalto,
bajo los velos azules del silencio
Mi amor, que no está a salvo de nada,
no es menos que el estallido de las constelaciones

¿Acaso el mar, que no dice lo que calla,
escondió nuestros destinos bajo su eternidad?

Dibujo de un adiós bajo la lluvia

Con tus lágrimas,
que no eluden la indecible tristeza
que a los dos nos embarga,
dibujo en la hoja de mi vida
cada surco de tu rostro
marcado por el tiempo
Hemos cruzado el puente de antaño
Por eso te aferras a mis manos
y me miras
como buscando en mis ojos
ahora humedecidos por la sal de mi desierto
un leve resplandor de aquellos tiempos
que el mismo tiempo nos quita
Yo te miro a través del silencio que la quietud gotea
Con la despedida que la emoción ahoga
la soledad también viene a nuestro encuentro
Estamos (acaso como aves marinas
que huyen de las manos del destino) al alcance
del rigor de la congoja
Aun así me dices suavemente que me amas
y yo te beso
Pero hosco es este amor que se prende a mi pecho

Tú mi profundidad

Retornas cada cierto tiempo
como quien acude a una llamada
desde mi mundo pálido y triste
Nunca estás distante en la dichosa espera
Eres algo más que el recuerdo de un rostro
que no intenta ser más que tú mismo
En lo más hondo de mí el ahora es el ayer
Y la palabra más que el temblor de un beso
en mis labios
es lo que yo imaginaba
Hay noches en que desciendo donde todo es distinto:
Allí, en nuestro cielo abierto, has llegado a abismarte
tratando de asirte a la dicha que huye
Sabes que soy sin ti apenas un bajel
en un mar de tempestades
En otro tiempo
recostaba la cabeza en tus hombros
como niña asustada
en días de tormenta

Una historia inconclusa

Amarte fue comenzar a vivir la primavera
De ese otro tiempo
llegan los recuerdos que abruman
Cada segundo que estuve entre tus brazos
arde como un deseo siempre envolvente
que me acompaña como una esperanza sin fe
Nuestro amor no agoniza,
solo ha callado lo poco que resta
La magia de antiguos verdores que alimentan los sueños
hace de la noche un lugar para encontrarnos
Ojalá el tiempo no consiga aquello que busca
Dios quiera que no ocurra la muerte del amor
y apague lo que ya el olvido acecha
Vale la pena mirar hacia delante y seguir
solamente si mi camino es el tuyo

Sueño al final de la tarde

Me desnudo al comenzar la tarde
Un brillo de aquello antiguamente amado
ilumina mis labios de tiernas amapolas
¡Ah, cuántos días memorables,
ajenos a la tristeza, vivimos!

Entonces el amor era la noche vivaz
que salía a recibirnos
Tus ojos, siempre a la altura de los míos,
eran destellos que prolongaban los días
en mi alma, a la que no le pesaba el agobio
Ahora desde lo más profundo
siento las ganas de ver nuevamente las estrellas
capaz de iluminarme
No sería este sentimiento mío la savia de los árboles
que parecen llorar bajo el cielo

Aroma de Naranjo

Llegaste a mi mundo dispuesto a acompañarme
Pero lo pusiste del revés,
como el zarpazo al desvelo del día
Ahora lo que me punza el alma se acuesta conmigo
Vivo un poco más árida que ayer
Los destrozos del mundo no interrumpen mi silencio
Yo sólo sé que de cuando en cuando
mi ternura se baña
con tu aroma de naranjo
No concibo mi universo sin tu luna
ni mi alcoba sin tu cuerpo
No deseo más vestidos de congojas
sino la cobija de la primavera
Que me abrigue la claridad de tu mirada
y me saque de este oscuro asedio
en el que vivo los días

De una llama a la otra

Necesito contemplarte cuando el día se colma de luz
Ahora que el desconsuelo me delata
y proclama su trono vacío y frío en mi corazón
Necesito salir de mis dominios tristes,
recorrer palmo a palmo con mis ojos
cada centímetro del miedo que te embarga
No me basta recordarte a solas
Quiero dibujar tu nombre donde la vida me duele
Demarcarlo con el fulgor del mío a contraluz

Necesito renovar los buenos augurios
Prender el fuego para que se avive aquello que ha muerto
Para que vuelva a iluminarse como un destino
a punto de comenzar

Eros a la luz de la vela

A la luz de la vela,
cuya sombra me oculta,
tus dedos imaginados
recorren mi espalda
No hay un lugar en mi cuerpo
que sea inmune a tus recuerdos
Bajo esta coraza cotidiana, que del pájaro
oculta su canto,
te siento profundamente alma
dibujando círculos ardientes en mis nalgas

A la luz de la vela,
frágil como la propia envoltura de mi carne,
tus manos buscan atajos y sendas
para llegar a mí
Tuya fue la sacra montaña
donde el cielo se hace fuego

A la luz de la vela te imagino
tocándome el alma
hasta la luz del alba

La materia de las sensaciones

Lléname la piel de colores, de plumas de garzas
Dibújala como un bosque en lo verde
con los colores del arcoíris

Baña cada poro de mi piel con tus besos
en ritual de atardeceres

Inunda mis sentidos en franca marejada
con tu llama inmortal

Y deja que mi cuerpo, acostumbrado a ti,
se queme con el tuyo
Dale a mi alma el aire de todos tus silencios

Mi alma en flor

Tranquila duerme mi alma
solo si la meces tan dulce
cada noche entre tus brazos

Solo si la envuelves
en mantos de algodones celestiales
y la acunas entre nanas
y canciones

Tranquila amanece mi alma siempre en flor
solo si la quietud en ella se despierta
cada día entre ilusiones,
mimos y flores

Tranquila vive la que mi llama aguarda
desde que tú la cuidas cada noche
Serena la siento la que ahora se nubla
cuando no descansa contigo
A tu amor yo le encomiendo su destino

Te quiero porque te quiero

Sabes que aún te quiero al comenzar el día
y al terminar la noche
Desde el alma y con toda el alma llena de ti
Te quiero a corazón abierto,
con desespero y a diario

No hay sentencia
que anule este amor que no lo apaga el otoño
No hay vacío cuando amanezco entre tus brazos
Te quiero como aman las aves el cielo:
sin mesura, sin temor, sin miedo

Te quiero porque te quiero
Porque no existe razón que justifique lo que siento
Porque mi mundo no es igual si no estás
Sin ti no tengo motivo para seguir viviendo
Prefiero morir a vivir sin tus besos

Se trata de la felicidad

Puedo atravesar el mar de los pájaros blancos
O quedarme sentada en la orilla
Puedo volver la vista atrás, en el anochecer
O seguir los designios de la vida
Puedo caminar despacio o aprisa
O morir en el intento de buscarte y no encontrarte
Puedo vivir con plenitud las tardes de mis días
O seguir sentada en la orilla

Pueda que te sienta lejos al despertarme un día

Pero cómo saberlo entonces
si en mi interior ya existías

Este amor terco

Debajo de este pecho herido por la vida
hay un dolor semejante a la agonía
que mana de mí cada vez que te recuerdo
Hay un desgarro con el que vivo,
que no me deja, cuyo dolor del corazón me brota
Estas palabras, que dejo como latidos en una hoja,
son la evidencia de que tal vez te he perdido
Esto que late insaciable de lo más profundo,
crece como cálida angustia y me consume
Este terco amor que lleva tu nombre
Y rebasa mis límites
En qué parte de mi alma el sufrimiento hiere
como una daga ardiendo en mi propia fragilidad
hasta dolerme

Tan lejos de su adiós

Como si fuera
una barca
golpeada
por el vendaval
navegando
en el río de los tormentos
así me lleva la vida,
de lo verde a lo árido

Esta casa a solas hacia el final del día,
me abriga como la brasa a la piel
Tal vez por eso mi alma ya no puede
¿Cómo soportan mis huesos
el dolor de esta herida
inapelable?

Destino incierto

Bajo ese cielo abigarrado de nubes grises
arriba y adentro,
los amantes que fueron ahora viven
o se alejan cada cual en su lugar

Ya no brillan los ojos de él
al verla, tan dolida y callada
Rara la ocasión que le habla
distanciado de aquello que el amor reclama,
del camino que atrás se quedó,
del frío desprendido del cielo de sus pasos,
o del viento que azota los pájaros
Su corazón es árido desierto
Sus manos, una vez a las de ella atadas,
quedaron vacías de su calidez

El destino de los dos es un sendero incierto

Mis recuerdos queridos

Pudiste abrazar el sol que nos persigue
como la sombra al cuerpo
Abrazar a mis cielos la eternidad de sus días
Pero sentiste miedo de su destello
Ahora son tuyas las frías noches de invierno
Tuyas las promesas vacías
de los tiempos lluviosos

Mía la palidez de los recuerdos
de aquellos instantes que no vuelven,
que nunca volverán
y que el olvido no podrá arrebatarme

Viento de gaviotas

Viento, tú que puedes volar con tus gaviotas
dile con tu voz muy antigua
que a pesar del tiempo aún le quiero,
que sin él la soledad me ata a mis silencios
Cuéntale que los meses pasan lentos y amargos
y las noches son largas sin sus besos

Viento, tú que puedes ser libre
y no sientes la fatiga de los días
háblale por favor de esta condena,
de esta angustia de no oírlo ni verlo
Dile del castigo que me ha impuesto su silencio

Viento, tú que puedes volar y regresas
llévale mis lágrimas que colman mis ojos
De mi dolor son apenas reflejos
O enséñame a olvidarlo
Porque yo sola no puedo

Lejos de él

Tengo miedo de volver a mí,
de encontrarme conmigo lejos de tu sombra
A veces me quedo inmóvil,
como perdida en un bosque de niebla
Amarrada a la inquietud de mis latidos

Tengo miedo de olvidarme para siempre de ti,
que este amor sea como la hoja seca que lleva la brisa
Miedo de alejarme de mí misma
y ser fuego que en silencio se enfría

¿Acaso tengo miedo de perder
lo que nunca fue mío?

El olvido, que borda la nada

Ya no recuerdo tu rostro que fue mi desvelo
Aunque cierro los ojos sobre el pasto del aire
tu cuerpo en la luz se desvanece

El olvido, que borda la nada y desteje
lo que de vida es el mundo,
no esconde su pretensión devoradora:
como una goma de borrar
te lleva de mí
trazo a trazo

El tiempo de los recuerdos

El tiempo, que abate como el mar tempestuoso,
que vuelve jirones lo que de lujo respira,
ha pintado de tristeza mi estancia vacía

Como huracán insaciable, que cambia y traslada,
día tras día, como la muerte que acaba el trajín,
me ha ido venciendo
También dentro de mí te va apagando

La despertó el viento

Estaba soñando
y la despertó el viento

Alborotó sus cabellos
la tomó de la mano
y la llevó lejos

Sus sentimientos
se fueron de puntillas
casi en silencio

Estaba soñando
y la despertó el viento

Hubiese dado el alma
por alargar el tiempo

Pero estaba soñando
la despertó
el viento

Aquel puente olvidado

He ido a buscarte
Recorrí cada pisada
de aquel puente que un día fue nuestro
Pregunté a sus piedras guardianas
por ti
Me dijeron
que no te habían visto nunca más

Otra vez, he vuelto a buscarte
para pasear contigo
pero no te encontré
Ya no estabas

Ahora sobre aquel puente olvidado
llueve
desde entonces
la lluvia está triste como yo
Mis lágrimas se mezclan con el agua

Hoy, en mi soledad estoy cruzando el puente

Otras miradas me ven y no dicen nada
Las nuestras se han ido apagando
Lentamente se las lleva el agua
bajo el puente
olvidado

Bajo la tempestad

Lloran los pájaros en el jardín sin flores
Lágrimas secas y cenizas tristes
caen del cielo en días sin sol
y noches de luna negra

No cantan los pájaros que vuelan iguales
Sobre camas vacías lloran las ausencias
Al cielo le duelen las escarchas de mi tristeza

Lloran los árboles que no saben cómo amar
y en el río navegan los amores perdidos
que viven del pasado

Lloran mis ojos como mares sin nombre
bajo la tempestad

Incertidumbre

Puede que mueva una montaña
O solo una piedra que ignora el dolor
Puede que siga nadando entre las aguas contrarias
o se agoten mis fuerzas por tratar de avanzar

Puede que mañana dejes de ser lo que eras
para mí (acaso un ídolo de barro)
O que yo simplemente no te quiera

Puede que me vaya sobre la espuma del tiempo
y que tú ya no estés

Te esperaba

Te esperaba con renovada emoción
Esperaba verte entrar de madrugada
recorrer el pasillo despacito
y llegar lentamente hasta mi almohada

Te esperaba cuando la tarde dicta su final
Esperaba despertarme
entre tus brazos,
sentir tu calor, todo con calma
Esperaba ese beso cálido en mis labios

Te esperaba como cada día del año
pero hoy es Navidad y no estás
Verte hubiese sido tu mejor regalo

Ahora, la estancia está vacía
y la soledad permanece como siempre
a mi lado

Ahogo

Devuélveme la llave de este infierno
que me ahoga
y déjame salir,
ahora que el aire se me acaba

Que no me queme el frío de tu ausencia
Que no me asfixien mis dudas

¿Adónde huyo
que no me alcance la tristeza?

Y si no quiero

Y si no puedo olvidarte
y si no quiero
O si tal vez no debo

Cómo pretende mi intelecto
esconderte en el olvido
o dar órdenes a este corazón
que siente en cada latido
Cómo maquillarme de nuevas ilusiones
y pintar de rojo pasión mis labios

Cómo vaciarme de tanto amor
sentido
si no quiero

Cómo sobrevivir en el subsuelo
O cómo vivir sobre el cielo
Dime,
¿cómo hago
si no puedo?

Alma rota

En lo más profundo, donde crece el dolor,
yace mi alma rota
Me duele si la tocas

Lágrimas de sombras se desbordan
de mis ojos
y pulsan dentro del corazón
Aquello que un día brillaba
y que nació de los dos
hoy tiene el color de la nostalgia

Desde mi soledad

El viento frío enmudece mi boca
Corta en jirones la impaciencia
y las ganas sonoras de mi cuerpo

Me acompaña el dolor invisible
que disipa las palabras
Lejos, como bien atesorado,
la risa del mundo florece en el aire

Más cerca estoy yo del intento inasible
de abrigarme a la nada

Toqué fondo

Toqué fondo y descendí
La oscuridad no deja lugar al pensamiento
cuando es extrema

En silencio
esperé un hilo de luz
para ver el camino
el más cierto

No encontré nada
Solo mi sombra subía
a oscuras
del abismo

Prefiero soñar

Prefiero la luz del día
a la oscuridad de la noche
Si la piedra no late nunca será árbol
Yo prefiero el sol, aunque sea entre nubes,
a la sombra fría del otoño

Prefiero la risa al llanto
La libertad a vivir prisionera
de mis propios temores
Prefiero que me llegue un rayo de luz
que estar ciega
Prefiero vivir día a día,
cada instante y soñar
que quedarme entre sombras
despierta

He regresado a mí

Nuestros caminos
ya no son los mismos
En el tuyo me he perdido
En el mío me he encontrado

He vuelto a mí
Como el ave a su vuelo
Fiel a mí misma

Vuelvo a mi cuarto
Allí, en ese lugar apartado del mundo,
olvidaré lo que he vivido
Aquellos días de fuego
viento y frío

Sobre el césped de mi soledad

Cuando el silencio
haya borrado las palabras de aquella quimera
y ya no esté disponible para tatuar tu nombre
en la piel del consuelo
Cuando el frío invernal
haya congelado la pasión de mi cuerpo
y ya no sienta nada
Cuando mi alma atormentada
se haya apartado de las ilusiones,
llegaré a sentirme en paz

Allí, en mi propia dimensión amurallada,
viviré sin miedo, abrazada con fuerza
a mi universo
Bailaré desnuda sobre el césped de mi soledad
y ya no habrá más dolor que me atormente

Me cubrirá el brillo de la luz del sosiego
Me calentará el calor de mis amados ancestros

El color del dolor

Cuando la añoranza cobija nuestros huesos
y el silencio es el eco del olvido
que retumba en cada parte inasible
de eso interior que suena como un lamento
el alma se nos encoje

Cuando el sonido de la vida, entre guirnaldas,
cual lluvia llorando de arrebato
moja nuestros suspiros ilusorios
el cielo no es el mismo que éste que se torna gris
Cuando ya el amor no sonríe
el sol de las flores ya no calienta
y cruje el dolor como bandera de la tristeza
El desconsuelo tiñe nuestros caminos
Por qué, corazón adolorido, palpitas tan débil
si no tienes el brillo de la primavera
Por qué lates como si ciego,
si ya no tienes motivos para seguir viviendo

Jugando

Hoy el sol no puede con las nubes
y el viento golpea con fuerza mi universo
Hoy la razón la pierdo entre la lluvia
y la cordura me oscurece
Hoy me refugio entre mis cuatro paredes
solitarias
y retrocedo inescrutable para los ojos del mundo,
me encierro
Hoy me duele menos la vida
Y creo que me regreso de lejos
Hoy juego conmigo a ser feliz

Este silencio de brumas

Este silencio que desgarra el alma
y te corta el aliento de un tajo
Este dolor de no saber por qué
Esta angustia que atraviesa los sentidos
y llega a lo más profundo y me revuelve
Esta desolación de semana santa
que sale de un trazo de la congoja de Dios
Esta angustia que suena en mi pecho
con brumas que vienen de lejos
Este amor ya perdido, fiel a mis latidos
Esta temida nostalgia que no me deja
Estas lágrimas que brotan de mis ojos
cuando te recuerdo
Esta aciaga oscuridad sin tregua
con la que batallo noche tras noche
Todo un repertorio que quisiera pasar,
dejar inamovible en el pasado
Los amores rotos
recuerdan la máxima de los derrotados:
En las batallas del amor no hay vencedores ni vencidos
Pero en esta cruzada contra mi corazón
solo tu silencio desgarra
Un silencio de no saber por qué

Duele

Duele el silencio cuando es larga la espera
para el que ama en soledad
Duelen las ramas del otoño
y el caprichoso destino que incierto me acorrala
Duele el ahora que la razón no comprende
Duele mi lucidez, la distancia
Duele que ya no me quieras
Aun así no te olvido

Para no olvidarte

Ahora que no sigo tus pasos
mis pies descalzos
trazan el camino hacia ningún lugar
Desnuda vaga mi alma desconsolada
Despojada de mí, mi cuerpo débil
Me duele el pensamiento si te pienso
Solo un halo de tu recuerdo me mantiene viva
Tu mirada felina escondida
en cada renglón de mis versos
me observa (o creo que me mira)
mientras escribo
sencillos versos de amor
Para no olvidarte

Importa lo que siento

No importa que pase el tiempo
si los días son grises
O tal vez negros
No importa que el sol ya no salga
y el frío congele mis huesos
No importa si pasan los meses
y los años
y no te veo
No importa lo que menos importa
Solo importa lo que siento
Esta pena que por dentro me destruye
Esto que se parece a la noche
Y que aprieta mi tan poco espacio

En este laberinto

Comienzo el día
en el mismo lugar en que respiro
Mis pasos caminan sin rumbo cierto
No sé la dirección que siguen mis pensamientos
Tampoco el destino al que me llevan los días
Todo es incierto en este viaje hacia mí

Por más que pienso en la salida
no la encuentro
Ando viviendo como la llama al aire
Como el agua al fuego

Sin ti la vida es extravío

Cuando regrese la primavera

Quiero olvidarte a la vuelta de las flores
Esconderte en mi cajón de recuerdos
Y salir de mi escondite más bella que nunca
Quiero cuando vuelva la primavera
emprender vuelo por encima de los árboles
y volar cual ave de arcoíris
Tan alto que el dolor no me alcance

Quiero no recordarte cada noche
ahora aunque quisiera no puedo

¿Cómo tocar mi desnudez
y no asirme a tus orillas?

Renovación

Como alma solitaria
recorro cada rincón de mi casa
Deambulo sin rumbo entre cosas cotidianas
Perdida en mi propia nebulosa
No sé qué busco entre tantos recuerdos
Tal vez alguna alegría de la vida pasada

Del cielo quiero las estrellas de colores,
sus destellos fugaces
que iluminen mi espacio
y ahuyenten las sombras
que lo llenan todo

No dejaré que oscurezcan mi alma
Por ella, no moriré
Seguiré, bajo la luz en que amanece el mundo,
persiguiendo mis sueños

Adiós

Ya cansada, como ola que se aleja del mar,
te digo adiós
Y digo adiós a los días tan confusos
A las mentiras, hijas de la oscuridad

Digo adiós a las viejas derrotas
y a la batalla perdida

Llevo en mi equipaje no solo lágrimas
y promesas incumplidas
Llevo también alegrías
bajo la noche ardiente

La soledad

Me abriga en este frío día de otoño
Es mi segunda piel, casi yo misma,
Inseparable

En el horizonte se avistan nuevas ilusiones
que me debe la vida

A mi lado, como guardiana silenciosa,
mi fiel compañera
Oscura y luminosa

Tristeza

Como hiedra que trepa
por la pared sin dueño
así la tristeza va tejiendo
hilo tras hilo
nostalgias en mi alma

Las lágrimas brotan
como notas musicales
tristes

Qué difícil se me ha puesto la vida
Qué lejos la luz del sol

Carga

Quiero amanecer un día lejos de tu recuerdo
y sentir que no me pesa esta carga
que puedo correr deprisa hacia el sol
que mis zapatos otra vez bailan
como cuando era feliz

No sé cómo hacer para encontrarme
Porque no existe una ruta trazada
que me lleve a mi serenidad

Pesa mucho el dolor
Pesan mucho los recuerdos

Pero me mantendré a flote
No naufragará mi barco en la tormenta
Navegaré con calma en la noche
Me guiarán las estrellas que brillan desde el infinito

Dejaré que el viento
me arrastre a mis propias orillas

Quizás allí, seré lo que ansío

Renacer

Hoy he muerto
Exhalé mi último suspiro por ti
mi último aliento

Me he ido lejos de aquello que fue

Como halcón herido
volveré más fuerte que ayer
Empezaré de nuevo como el que comienza el día
Escalaré mis montañas blancas
Las más altas

Ya atravesé mis abismos
Poco a poco
voy venciendo mis miedos
Poco a poco te olvido
y renazco
en lo más claro de mí

Pasado

Tras la reja del dolor
ha quedado el pasado que anochece
A este lado mío, como la sombra al cuerpo,
mi libertad,
mi bien más preciado

Libre he quedado del dolor

Sobre las nubes del olvido
nuestros pasos se pierden
El viento ya no susurra
en mi oído sus canciones tristes

Cuando el sol
llene mi espacio de luz
volveré a reír
Seré yo

Hoy

Hoy
dentro de mí
se encenderán miles de estrellas
y mi mundo con los azules se iluminará

No me perderé
entre la oscuridad y el miedo
No se cerrarán mis ojos
y mi corazón no se parará antes de tiempo

No se apagará la vela de la vida
que me alumbra

Esperanza

He dejado atrás luchas inútiles
He comenzado un camino nuevo
Aligerada de equipaje
Para que mis huesos no se rompan
en la corta travesía que todavía me espera

Para recorrer ese mundo
que aún no he descubierto
bordaré sonrisas en mantos de finos hilos

Pintaré mi vida de colores nuevos
y con filigranas de luces,
soles y estrellas
tejeré mi intimidad con el cielo

Atrás dejaré lo que me pesa

Hoy he abandonado un camino
El más incierto
Sigo el mío, mis propias huellas

Vivir

Nací libre
y así viviré hasta que muera
Dejaré que el corazón
me lleve a mi destino más seguro

Iré adonde espacio y tiempo
se funden en una sola metáfora
El sosiego

Quiero vivir plenamente esta vida
La única que tengo

El descanso llegará
Algún día
Cuando el tiempo me deje a un lado del camino

Por ahora
el cielo lo tocaré
con la yema de mis dedos

Canto a la libertad

Deja que sus alas se confundan
con el viento helado de la noche

Déjalas que surquen cielos
aun sabiendo
que regresarán heridas

¡Déjalas!

Que no se queden dormidas
Que encuentren tus brazos
a su regreso
y en ellos caigan rendidas

Deja que abrace tus sueños
vida
Pues para vivir
nacemos

Ocaso

La sombra descansa
entre laderas de montañas
Se adormece
esperando el final del día

Abajo
el sol
ya no se ve

Entre los zarzales
las moras
maduran los crepúsculos

Resurrección

Los matorrales cuelgan
por las laderas
en vertical

En el camino
el aire y yo abrazamos el instante

Nada más sublime que sentir la libertad
Pisar el suelo descalza
despojada de ataduras
dejando atrás esa irrealidad
que me encadena
y me impide llegar hasta ti
Luz entre las sombras de la noche

www.ingramcontent.com/pod-product-compliance
Lightning Source LLC
LaVergne TN
LVHW010250200726
843506LV00014B/3191